BEI GRIN MACHT SICH IHR
WISSEN BEZAHLT

- Wir veröffentlichen Ihre Hausarbeit,
  Bachelor- und Masterarbeit

- Ihr eigenes eBook und Buch -
  weltweit in allen wichtigen Shops

- Verdienen Sie an jedem Verkauf

Jetzt bei www.GRIN.com hochladen
und kostenlos publizieren

Konditionierung vs. Partizipation in der Kinder- und Jugendhilfe. Ein ethisches Dilemma oder eine Frage der richtigen Haltung?

Matthias Kordts

Bibliografische Information der Deutschen Nationalbibliothek:

Die Deutsche Nationalbibliothek verzeichnet diese Publikation in der Deutschen Nationalbibliografie; detaillierte bibliografische Daten sind im Internet über http://dnb.d-nb.de abrufbar.

ISBN: 9783346759603
Dieses Buch ist auch als E-Book erhältlich.

© GRIN Publishing GmbH
Nymphenburger Straße 86
80636 München

Druck und Bindung: Books on Demand GmbH, Norderstedt Germany
Gedruckt auf säurefreiem Papier aus verantwortungsvollen Quellen

Das Buch bei GRIN: https://www.grin.com/document/1296576

DIPLOMA HOCHSCHULE

Private Fachhochschule Nordhessen

Studiengang Soziale Arbeit

Hausarbeit

Konditionierung vs. Partizipation in der Kinder- und Jugendhilfe

Ein ethisches Dilemma oder eine Frage der richtigen Haltung?

Inhaltsverzeichnis

Inhalt

1. Einleitung

Forschungsfrage:

„Wie wirkt die Konditionierung, zur Erreichung erwünschter Verhaltensweisen, auf die Persönlichkeitsentwicklung von Kindern, in der Kinder- und Jugendhilfe aus. „

Entstehung der Fragestellung:

Beim Anschauen einer Fernsehsendung mit dem Namen „Train your Baby like a Dog" ist mir aufgefallen, dass die dort verwendete operante Konditionierung mittels eines Clickers in Verbindung mit einer positiven Belohnung dazu geführt hat, dass Kinder zu einem erwünschten Verhalten geführt wurden. Die Sendung hat ein unheimlich negatives Veto im Bereich der Sozialen Medien entfacht und zwar aufgrund der Tatsache, dass bestimmte Methoden anscheinend ethisch nicht vertretbar sind, in diesem Kontext eben die operante Konditionierung bei Kindern. Die Kritik an dieser Sendung war so extrem, dass der Sender diese auch nach einer Folge abgesetzt hat. Bei der Recherche zu dieser Sendung und der Sichtung der Fakten ist mir dann aber aufgefallen, dass zu Erreichung von erwünschten Verhaltensweisen, wir in unserem Alltag mit den Kindern in der Kinder- und Jugendhilfe aber auch mit den eigenen Kindern immer wieder auf Konditionierungselemente zurückgreifen um das Verhalten der Kinder anzupassen. Insofern stellt sich die Frage tatsächlich nicht, ob Konditionierung genutzt wird, sondern tatsächlich muss die Frage lauten, wie wirkt sich Konditionierung auf die Persönlichkeitsentwicklung von Kindern aus. Dies habe ich dann in der Forschungsfrage auch formuliert.

Eine andere Methodik die diametral zur klassischen Konditionierung steht, ist die Partizipation zur Aktivierung der intrinsischen Motivation. Hier würde man versuchen die Kinder davon zu überzeugen, dass es in Ihrem eigenen Interesse ist, sich den Aufgaben zu stellen.

Man kann sich hier die Frage stellen ob die klassische Konditionierung der Aktivierung von intrinsischer Motivation vorgezogen wird, weil den Mitarbeitern in Heimen die Persönlichkeitsentwicklung der Kinder nicht so wichtig ist, da sie nicht die eigenen Kinder sind und sie hier nur einen Erziehungsauftrag sehen und nicht das ganzheitliche Wohl der Kinder.

Ein Erklärungsansatz hierzu wäre, dass Konditionierung sehr gut ohne Umwege effektiv funktioniert. Hingegen ist die Aktivierung von intrinsischer Motivation meist nur über Umwege erreichbar.

Diese Umwege aber sind es, die den Charakter der Kinder formen. Sie lernen hierbei wichtige Eigenschaften wie z.B. Empathie und Resilienz, die sie brauchen um selbstständig denkend und fühlend die Aufgaben des Alltages anzugehen und diese als produktiv für sich selbst und andere wahrzunehmen. Wohingegen Konditionierung einfach nur ein Reizreaktionsmuster ist, dass auf Effektivität ausgerichtet ist.

Und an dieser Stelle nun entsteht das ethische Dilemma das die Hausarbeit näher betrachten soll. Warum ein Dilemma entsteht ergibt sich aus der Definition von Ethik als eine bestimmte Form der Haltung, gegenüber unserem Klientel. Eine Haltung die sich in der Sozialen Arbeit zu einer Berufsethik transformieren muss, nach der auch berufsethisch gehandelt werden kann.
Dazu wird zunächst definiert warum Ethik überhaupt wichtig ist, um dann den
Bezug zwischen der Ethik und der Sozialen Arbeit herzustellen. Im weiteren Verlauf soll
daraufhin dargelegt werden, welche Anforderungen die Berufsethik der Sozialen Arbeit
an die professionellen Handelnden stellt. Des Weiteren werden die Begriffe Partizipation und Konditionierung definiert, um schließlich die persönliche ethische Haltung mit diesen Begriffen, in ein Verhältnis zu setzen. In einem Fazit werden die Ergebnisse der Ausarbeitung zusammengefasst und reflektiert.

2. Begriffsdefinition

2.1. Konditionierung

Der Begriff Konditionierung steht für das Erlernen eines bestimmten Reiz-Reaktions-Verhaltens, d.h. auf einen bestimmten Reiz (Stimulus) erfolgt eine entsprechende Reaktion (Response). Bei der Konditionierung wird zwischen klassischer und operanter Konditionierung unterschieden.

2.1.1 Klassische Konditionierung

Unter klassischer Konditionierung versteht man das Prinzip der Steuerung von ursprünglich unkonditionierten Reaktionen (ungelernte, unwillkürliche und automatische Reaktionen, wie Essen, Schlafen, Fortpflanzen etc.) durch ursprünglich neutrale Außenreize. Verknüpft man einen neutralen Reiz mit einem unkonditionierten Reiz, erfolgt nach einer gewissen Zeit eine bedingte Reaktion, d.h. der neutrale Reiz reicht zur Auslösung des Verhaltens aus. Der Psychologe Iwan P. Pawlow führte dazu zu Beginn des 20. Jahrhunderts Experimente an hungrigen Hunden durch. Die Hunde bildeten beim Anblick von Futter Speichel in ihren Speicheldrüsen. Im nächsten Schritt koppelte er diesen unkonditionierten Reiz mit einem neutralen Reiz, der ursprünglich keine Speichelbildung auslöste. In diesem Fall war es ein Ton, den er erklingen ließ, kurz bevor das Futter gezeigt wurde. Nach wiederholter Paarung löste der Ton auch ohne nachfolgendes Zeigen des Futters beim Hund Speichelfluss aus. Der Ton war zu einem konditionierten Reiz geworden. (Vgl. Mietzel, Gerd (1998): S. 126)

2.1.2 Operante Konditionierung

Im Gegensatz zum klassischen Konditionieren, bei dem der Lernende innerhalb des Reiz- Reaktions- Schemas passiv ist und unwillkürlich lernt, steht beim operanten Konditionieren spontan gezeigtes, aktives Verhalten und die Konsequenz dieses Verhaltens im Vordergrund. Diese Konsequenz erfolgt in Form einer Verstärkung bzw. Bestrafung. Die Konsequenz wiederum entscheidet wie häufig das Verhalten in Zukunft auftreten wird. Deshalb kann man auch sagen, dass die Konsequenz der Umwelt die entscheidende Variable beim operanten Lernen ist.

2.2. Partizipation

Der Terminus „Partizipation" stammt von dem lateinischen Wort „participatio" ab und hat in seiner umgangssprachlichen Übersetzung verschiedene Bedeutungen. In seiner Verbform „partizipieren" steht der Begriff für teilnehmen, teilhaben und mitwirken.

Was bedeutet Partizipation in der Pädagogik?

In der **Pädagogik** wird unter **Partizipation** die Einbeziehung von Kindern und Jugendlichen bei allen, das Zusammenleben betreffenden, Ereignissen und Entscheidungsprozessen verstanden. Das deutsche Recht gibt den Kindern z.B. im SGB VIII (Artikel 8) das Recht auf Beteiligung und Beschwerdeführung.

Was bedeutet nun die Forderung nach mehr Partizipation von Kindern und für Kinder? Im besten Falle führt sie zu mehr Mitbestimmung. Voraussetzung aber ist erstmals die Wahrnehmung von Partizipationsrechten und die Fähigkeit zu partizipatorischem Handeln. Die kinderpolitischen und partizipatorischen Formen wollen diese Fähigkeit wecken und aufbauen, wollen praktiziertes „Demokratie lernen" ermöglichen" (S. SWIDEREK 2001, S.115).

„Wenn lebensweltorientierte Jugendhilfe darauf hinzielt, dass Menschen sich als Subjekte ihres eigenen Lebens erfahren, ist Partizipation eines ihrer konstitutiven Momente. (S. BMJFFG 1990, 3.88)

2.3. Berufsethik

Ethiken können auf unterschiedliche Arten beschrieben werden. Demnach spielen die Perspektive und der Bezugspunkt, mit der die jeweilige Ethik ihre Ausgangslage festlegt, eine wesentliche Rolle. Gerade der Bezugspunkt kann als entscheidendes Moment zur detaillierten Beschreibung herangezogen werden. Demnach ist die Ethik der Sozialen Arbeit eine beruflich ausgerichtete Ethik, die einen bestimmten Werterahmen für sozialarbeiterisches Agieren vorgibt und als Basis für jedwede berufsethische Darstellung herangezogen werden kann (vgl. DBSH e. V. 2014, 10). Sie grenzt also mithilfe allgemeingültiger ethischer Kriterien den Bereich ein, innerhalb dessen sämtliche berufliche Entscheidungen zu treffen sind. Im Rahmen einer Berufsethik, werden diese Kriterien weiter spezifiziert und für die Praxis ausformuliert.

Demnach kann die Berufsethik der Sozialen Arbeit verstanden werden „als Verdichtung der beruflichen Ethik auf einen die berufliche Praxis leitenden Regelkatalog hin."(ebd.).

Sie geht damit über die Vorgabe ethischer Orientierungen hinaus und gibt verbindliche Richtlinien als Basis professionellen Handelns in der Sozialen Arbeit vor, die verifizierbar sein müssen und bei Nichteinhalten negative Folge nach sich ziehen (vgl. Maus et. al. 2013, 89).

Zusammengefasst bilden

- die lenkenden Handlungsregeln,

- die elementaren Wertehaltungen sowie

- die Gesamtheit der gültigen Werte und Verhaltensnormen der Berufsgruppe

die Berufsethik, die von allen Fachkräften der Sozialen Arbeit zu beachten ist (vgl. ebd.). Dabei ist auch die Berufsethik der Sozialen Arbeit das Produkt eines jahrzehntelangen Gestaltungsprozesses. Der DBSH e. V. (Deutscher Berufsverband für Soziale Arbeit e. V.) setzt sich bereits seit den 1990er Jahren für verbindliche ethische Grundsätze in der Gesellschaft ein und benennt die vordergründlich zu betrachtenden: *Achtung der Autonomie der Klientel, Gerechtigkeit* und *Solidarität* (vgl. DBSH e. V. 2014, 5). Im Jahr 2008 fordern die Mitglieder ihre Vereinsgeschäftsführung auf, die berufsethischen Prinzipien aus dem Jahr 1997, die als nicht mehr ausreichend empfunden werden, zu aktualisieren und eine eigene Berufsethik zu verfassen. Im Jahr 2013 wird der Auftrag an die neu gegründete Ethikkommission des DBSH e. V. ubertragen, die zunachst die *Berliner Erklärung* als Grundlage für die daraufhin ausgestaltete Berufsethik erarbeitet. Im Jahr 2014 können schließlich die „Berufsethik des DBSH" mitsamt der geänderten „Berufsethischen

Prinzipien des DBSH" beschlossen und veröffentlicht werden.

3. Theorien und Konzepte der Konditionierung und Partizipation

3.1. Theorie der Konditionierung nach Thorndike und Skinner

Als Pioniere in der Entwicklung des Verfahrens der operanten bzw. instrumentellen Konditionierung gelten die Psychologen Thorndike und Skinner. Sie führten Experimente mit Tieren durch, bei denen sie erwünschtes Verhalten belohnten. In der Folge tauchte dieses Verhalten vermehrt auf.

3.1.1 Edward L. Thorndike und die instrumentelle/operante Konditionierung

Ungefähr zur gleichen Zeit, als Pawlow seine Versuche an Hunden durchführte, begann in Amerika Thorndike seine Experimente an Katzen. Im Unterschied zu Pawlow, der die Verknüpfung von Reizen untersuchte, befasste er sich mit den Auswirkungen der Konsequenzen von Verhalten. Thorndike sperrte dazu eine Katze in einen Käfig, dessen Tür durch eine Schlaufe zu öffnen war und platzierte Futter davor. Die Katze lief zuerst im Käfig herum und kratzte an den Wänden. Nach einiger Zeit trat sie zufällig in die Schlaufe, die Tür öffnete sich und damit war der Weg zum Futter frei. Nach mehrfacher Wiederholung des Versuchs verringerte sich die von der Katze zum Öffnen des Käfigs benötigte Zeit immer mehr. Nach vielen Durchgängen war schließlich die erste Bewegung des Tieres der Griff zur Schlaufe. Die Katze hatte nach dem Prinzip „Versuch und Irrtum" gelernt. Ihr Verhalten wurde zu einem Instrument um eine angenehme Konsequenz herbeizuführen. Diese Formulierung ist der Hintergrund des Begriffs der „instrumentellen Konditionierung". Lernen durch Versuch und Irrtum (trial-and-error") ist ein Suchprozess, bei dem das zufällig richtige Verhalten durch den Erfolg verstärkt wird und in Zukunft vermehrt auftritt. Deshalb wird die Theorie Thorndikes auch Lernen am Erfolg genannt. Aus seinen Untersuchungen leitete Thorndike das sog. Gesetz des Effekts (Law of effect) ab, welches besagt, dass ein Verhalten, auf das Konsequenzen folgen, die für den Organismus eine Befriedigung oder einen Erfolg darstellen, wiederholt wird, während ein Verhalten, auf das keine oder unangenehme Konsequenzen folgen, abnimmt. Die Konsequenzen eines Verhaltens bestimmen somit dessen künftige Auftretenswahrscheinlichkeit. (Vgl. Mietzel, Gerd (1998): S. 133f)

3.1.2 Skinner und das operante Konditionieren (Lernen durch Verstärkung)

Etwa 30 Jahre nach Thorndike und auf Grundlage dessen Erkenntnissen, beschäftigte sich Burrhus F. Skinner ebenfalls mit der Frage, welche Wirkung eine positive oder negative Konsequenz auf ein Verhalten haben kann. Im Gegensatz zu Thorndike wartete Skinner aber nicht ab, bis die Versuchstiere zufällig erwünschte Verhaltensweisen zeigten. Er konstruierte die nach ihm benannte „Skinner Box" (Abb. 2) so, dass jede minimale Verhaltensänderung in Richtung erwünschtes Endverhalten gleich verstärkt werden konnte. Diese Methode der stufenweisen Annäherung wird auch als Shaping bezeichnet. Sie bewirkt den Aufbau von Verhaltensketten.

Skinner betrachtete die Theorie des klassischen Konditionierens als Erklärungsmöglichkeit für die Reaktionen die durch einen bestimmten Reiz ausgelöst werden. Dieses Verhalten bezeichnete er als Antwortverhalten. Verhaltensweisen dagegen, die der Organismus spontan zeigt, nennt er Wirkverhalten bzw. operantes Verhalten. Beim Antwortverhalten, auch respondentes Verhalten genannt, reagiert der Organismus auf seine Umwelt, beim operanten Verhalten hingegen wirkt er auf die Umwelt ein. Um auf operantem Verhalten basierendes Lernen erklären zu können entwickelte

Skinner das Modell des operanten Konditionierens
(Vgl. Hobmair, Hermann (1989): S. 161).

Skinner äußerte die Behauptung, dass die
wichtigsten Verhaltensweisen des Menschen
operant seien. Folgt einem bestimmten Verhalten
eine Verstärkung, so wird dieses Verhalten später
unter ähnlichen Bedingungen mit erhöhter
Wahrscheinlichkeit wieder auftreten. Das Verhalten
lässt keine unmittelbaren Auslöser erkennen,
bewirkt aber eine Reaktion in der Umwelt. Es wird
durch seine Folgen gesteuert. Skinners Modell
beruht auf der Annahme, dass unser Verhalten auf
Steigerung der Lust und Verminderung von
Schmerz ausgerichtet ist. Grundsätzlich kann jedes
aufgrund von Verstärkung zustande gekommene
Verhalten als ein Beispiel für operantes
Konditionieren angesehen werden (Vgl. Lefrancois
, Guy, R. (1976): S. 60).

3.2. Theorie der Partizipation

Unter dem Titel „participati actuosa" befasst sich
z.B. seit dem Mittelalter die Kirche mit der
Problematik, wie das Volk an der Messe
teilnehmen und auch teilhaben kann. Im 20.
Jahrhundert fand sich der Begriff „Partizipation" in
der Soziologie und der Politologie wieder. Innerhalb
der Sozialwissenschaften wird „Partizipation"
sowohl deskriptiv als auch normativ verwendet und
in Zusammenhang mit den Prozessen der

Demokratieentwicklung, insb. der
Bürgerbeteiligung, gebracht. (S. DV 2002, S. 688)
Auch in der Bewegungsforschung wird Partizipation
als Wirkung verstanden, in der sich Menschen bei
sozialen oder politischen Missständen engagieren
und gemeinsam mit verschiedenen Mitteln dagegen
vorgehen. Diese Theorie der sozialen Bewegung
fand ihre Umsetzung in den 60er, 70er und 80er
Jahren in der Studentenbewegung, der
Frauenbewegung und der Anti-Atombewegung. In
einem US-amerikanischen Ansatz der
Bürgerbeteiligung, dem „Community Organizing",
ist das „doorknocking" (an die Tür klopfen) ein
weiterer Schritt zu einer Bürgerbeteiligung. Hierbei
werden Bewohner eines Gebietes von Akteuren
besucht und dazu animiert, zusammen mit einer
Gruppe gegen ein bestimmtes Problem, welches
sie betrifft, vorzugehen. Im zweiten Schritt, werden
Ressourcen mobilisiert und Verantwortungen
verteilt, so dass die Bürger an diesem Protest
beteiligt werden können. (Vgl.
HELLMANN/KOOPMANS 1998)

Auch wenn der Beteiligungsaspekt innerhalb der
Demokratieentwicklung dem staatlich- politischen
Raum zuzuordnen ist und Mitbestimmung eher für
den Prozess der Teilhabe an gesellschaftlichen
Entwicklungen steht, existiert eine große
Schnittmenge und sind beide Theorien in ihrer
praktischen Umsetzung voneinander abhängig. Die
Übergabe von Verantwortung an junge Menschen,

das Sammeln von Erfahrungen durch eigene Intervention und überhaupt durch die Möglichkeit mitzugestalten, hat das Erlernen eines Demokratiebewusstseins zufolge. Diese Zielsetzung sieht auch THOMAS SWIDEREK in seinem Beitrag „Partizipation von Kindern und Jugendlichen – ein Beitrag zur Demokratisierung der Gesellschaft" (S. SWIDEREK 2001, S.115).

4. Betrachtung des ethischen Dilemmas

Gegenüberstellung von Konditionierung und Partizipation im ethischen Kontext:

Kinder die im Zuge des Erziehungsauftrages im Heimalltag überwiegend durch Belohnungssysteme positiv sowie negativ verstärkt, also konditioniert werden, erfahren sich häufig als weniger selbstwirksam und entwickeln dadurch auch keine intrinsische Motivation, sondern werden zu abwartenden Befehlsempfängern, die im Alltag darauf warten, dass der nächste Impuls von außen kommt.

Kinder bei denen durch die Erfahrung von Selbstwirksamkeit die intrinsische Motivation geweckt wird, konnen im Alltag besser abschätzen wie sie sich einbringen und werden auch lernen Arbeit und Aufgaben zu sehen und diese aus sich selbst heraus zu erledigen.

Ein Beispiel hierzu ist der Tagesdienst der Müllentsorgung, wenn ich einem Kind ganz klar sage du musst den Müll rausbringen, weil ich das sage und weil ich das so möchte, weil ich nicht möchte, dass der Müll stinkt und dies zu einer Bedingung für ihn mache, welche ich bei Nichterfüllung unter Sanktion stelle, dann wird er die Anweisung nicht hinterfragen und die Aufgabe erledigen.

Wenn ich allerdings das Kind partizipativ an der Aufgabe beteilige und es den Zeitpunkt selbst bestimmen lasse wann es den Müll rausbringt, wird es die Erfahrung machen, dass Müll auch stinken kann. Wenn es zu irgendeinem Zeitpunkt unerträglich wird und es dann aus eigenem Antrieb, sprich aus intrinsischer Motivation heraus den Müll rausbringt, hat es gelernt, dass seine Entscheidung ernstgenommen wird und es erfährt sich als selbstwirksam.
Dies ist ungleich aufwendiger, wirkt sich aber positiv auf die Entwicklung des Kindes aus.

Um diesen Mehraufwand zu betreiben, braucht es eine Haltung und die Grundsätze der Berufsethik der Sozialen Arbeit, der Erzieher, den Kindern gegenüber, die Partizipation als eine der Querschnittsdimensionen in der Erziehung ernstnimmt und in den Alltag der Einrichtungen implementiert.

5. Fazit

Daher möchte ich die Forschungsfrage wie folgt beantworten, es werden zwei unterschiedliche Wege der Persönlichkeitsentwicklungen beschrieben. Nach meiner Auffassung unterscheiden sie sich in Erziehung mit oder ohne Emotionale Wärme.

Wenn wir einfach nur einen Erziehungsauftrag sehen und die Kinder aufbewahren wollen, ihnen eine Struktur aufoktroyieren und sie zu Befehlsempfängern machen wollen, dann ist die Form der operanten Konditionierung eine einfache und effektive Methode den Arbeitsalltag in Kinder- und Jugendeinrichtungen zu gestalten. Hier wird aber ohne emotionale Wärme und ohne das Kind in seiner Gesamtheit zu sehen gehandelt.

Wollen wir den Kindern allerdings die Möglichkeit geben zu motivierten, aufgeschlossenen selbstdenkenden Menschen zu werden, sollten wir sie an vielen Entscheidungsprozessen teilhaben lassen und Ihnen zeigen, dass ihre Meinung etwas wert ist. Sie sollten das Gefühl von emotionaler Wärme spüren können im Verhalten der Erzieher.

Dies ist allerdings nur dann leistbar, wenn der Schlüssel der Erzieher auf die Anzahl der Kinder angepasst ist. Denn pädagogisches Arbeiten in einem Wertekontext der an die Anforderungen der Berufsethik der Sozialen Arbeit angelehnt ist, kann nur dann gelingen, wenn das Fachpersonal innerhalb seiner ihm zu Verfügung stehenden

Arbeitszeit, sich um die Ihm zugeteilten Kinder zeit- und aufwandsgerecht kümmern kann. Hier hat die Einrichtungsleitung dafür zu sorgen, dass genügend qualifiziertes Personal eingestellt und auf die Probleme der Kinder fokussiert wird.

Literaturverzeichnis

HELLMANN/KOOPMANS   1998Hobmair,   Hermann
(1989): Pädagogik, Köln

Lefrancois,   Guy   R.   (1976):   Psychologie   des
Lernens, Berlin

Mietzel,   Gerd   (1998):   Pädagogische   Psychologie
des Lernens und Lehrens, Göttingen

S. SWIDEREK 2001, S.115